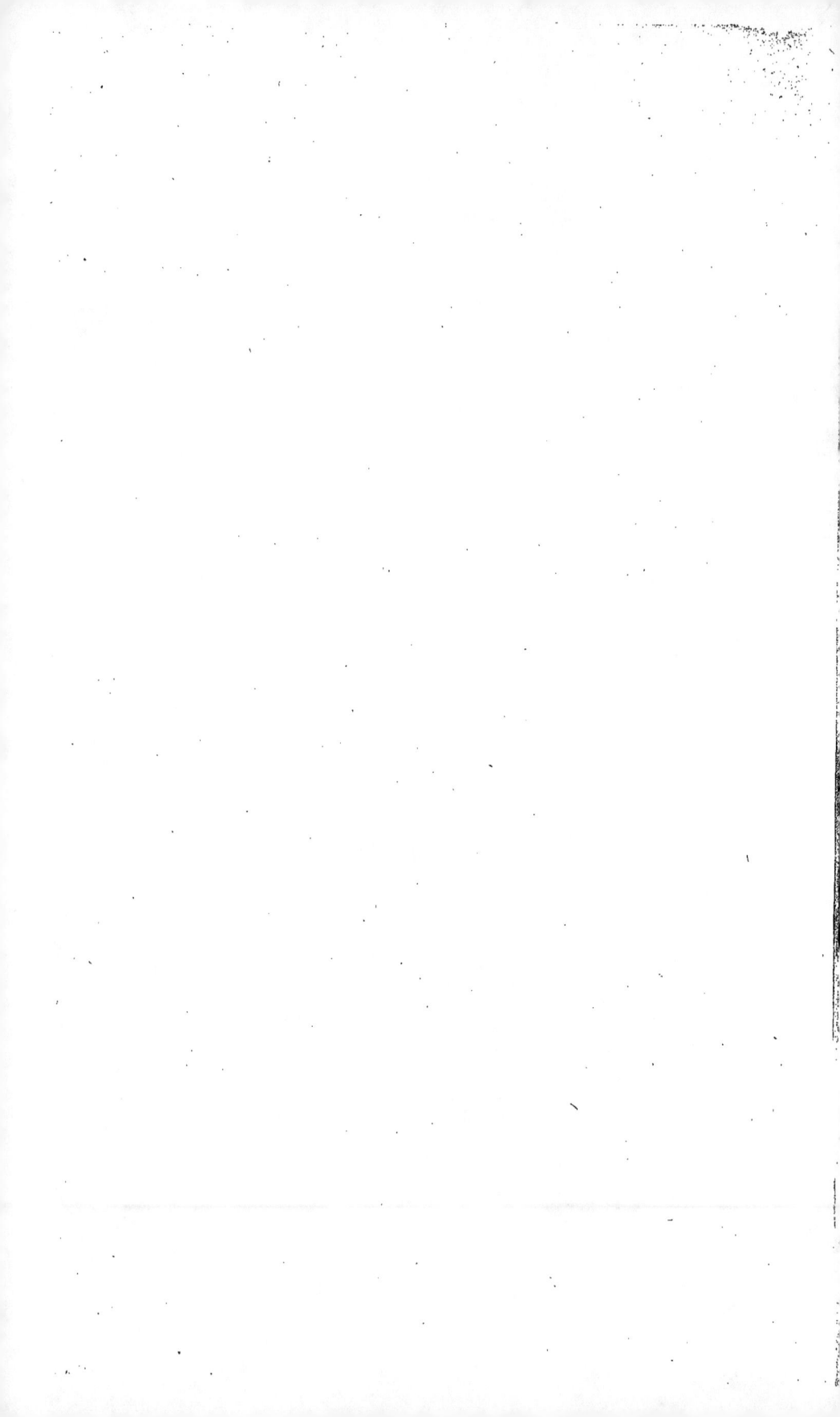

QUELQUES CONSIDÉRATIONS

SUR

LES FINANCES
DE LA FRANCE

___

SECONDE ÉDITION

AUGMENTÉE

D'UNE LETTRE A M. THIERS

PAR

Le Comte LAD. K***

PARIS

CHEZ LES PRINCIPAUX LIBRAIRES

—

1871

Paris. — Typographie Adolphe Lainé, rue des Saints-Pères, 19.

I

La guerre qui va se terminer par un traité de paix aura pour conséquence de faire peser sur la France des charges énormes, destinées à la rendre impuissante pour un certain laps de temps.

Afin de bien comprendre l'importance de ce qui va suivre, il faut se pénétrer de la conviction que l'on a en face de soi un ennemi sérieux, qui ne fait pas la guerre pour la gloire, mais bien pour atteindre un but tout positif. L'effort qu'il a préparé de longue main a été immense ; les chances qu'il a courues, terribles ; le bonheur constant qui l'a favorisé, inouï.

— Il veut exploiter à fond sa victoire, pour n'être pas une seconde fois obligé à de pareils sacrifices, ni exposé aux mêmes dangers, ni forcé d'invoquer le retour d'une fortune hors ligne, sur laquelle il n'ose plus compter.

En un mot, il veut se mettre au-dessus d'un revirement du sort. Il sait que la France se préparera à une revanche ; — il prévoit les combinaisons politiques qui doivent l'amener ; — il sent d'instinct qu'une nouvelle campagne l'attend dans quelques années à l'est de son Empire ; — il saisit parfaitement le rôle de la France à ce moment, et comprend le danger d'être pris entre deux feux. Mais, à ces probabilités de l'avenir, il oppose dès aujourd'hui un calcul profond, et n'oublie aucun facteur de sa politique. En effet, il élève déjà coalition contre coalition. Dans ce but, nous le voyons se rapprocher de l'Austro-Hongrie, et appuyer les tendances des deux races germanique et magyare, qui s'y donnent la main pour dominer l'élément slave. Il spécule sur la terreur que leur inspire la Russie, et les attire à lui par l'appât d'une protection toute-puissante. Des voix éloquentes ont déjà dénoncé au monde l'alliance austro-prussienne qui est en voie de formation. Elle mettra à la disposition d'une politique aventureuse un million de soldats de plus, qui, conduits par des chefs comme ceux que nous avons appris à connaître, auront mathématiquement raison de toute résistance.

Une seule chose pourrait rendre ce résultat incertain : — c'est que la France ne fût pas aussi épuisée, malgré la guerre et malgré la paix, que l'espèrent ses ennemis. Si elle pouvait encore figurer activement dans le concert européen, la balance des forces que les Prussiens tâchent de faire pencher en leur faveur se rétablirait à leur détriment.

Aussi veulent-ils annihiler la France par tous les

moyens possibles : — par la terreur, qui hébète le
peuple, — par la mutilation du territoire, qui laisse
Paris à portée d'un coup de main, — par l'occupation d'une province, qui ouvre la porte à toutes les
complications voulues, — par une indemnité enfin
qui écrase. Ils auraient volontiers songé à un partage
si la chose était possible aujourd'hui même. Mais la
décomposition sociale n'est pas encore assez avancée,
les partis assez forts contre leur mère commune, ni
les autres voisins, habitués au respect de la France,
assez osés pour porter la main sur elle. Les Prussiens
se résignent donc à attendre, et abandonnent même
le projet conçu primitivement de replacer sur le
trône impérial un Bonaparte, qui, dans leur idée,
devait jouer le rôle dévolu autrefois à un Poniatowski
en Pologne.

Mais, si de ce côté ils ne mettent pas d'obstacle à
la paix, et cherchent même en un certain sens à lui
faciliter les voies, ils ne renoncent nullement à la
rendre la plus désastreuse possible. Outre une ces-
sion de territoire et les conséquences stratégiques et
politiques qu'elle entraîne, dont nous n'avons pas à
nous occuper ici, ils imposent une indemnité de
guerre qui sera probablement de *plusieurs milliards*.
Ne parvenant pas à tuer leur adversaire à coups de
crosse de fusil, ils lui font prendre un poison qui
rongera ses entrailles et le jettera expirant à terre. A
l'aide d'une charge aussi lourde, ils comptent boule-
verser toute l'économie intérieure de ce pays, entra-
ver son développement politique, et le retrouver, au

bout de quelques années, alors qu'ils seront les maî-
tres du Nord, au point où ils l'auront laissé mainte-
nant.

Il est du devoir de tout Français, — et spécialement
de ceux qui sont aujourd'hui aux affaires et qui de-
vront se soumettre à la terrible nécessité d'accepter
les conditions dictées par la Prusse, — de déjouer
ses calculs par une bonne politique et de bonnes finances.

II

Nous venons d'établir ce que signifie la contribu-
tion de guerre réclamée par le vainqueur. Elle veut
dire pour lui désorganisation lente et ruine du crédit
du vaincu. Il a raisonné en s'appuyant sur les don-
nées ordinaires, et elles lui ont fourni les conclusions
qu'il présente à la France sous forme d'exigences. Il
les pousse aussi loin qu'il lui est nécessaire pour être
sûr de son fait, et ne s'arrête qu'au point marqué par
la certitude de son triomphe.

Il s'est dit : Réclamons une rançon immense. Il est
évident que la France ne pourra fournir qu'une somme
minime en espèces d'or et d'argent, —qu'une part relativement peu considérable en billets de banque, et
que pour le reste elle devra avoir recours à un emprunt ou bien au papier-monnaie. Il n'y a pas moyen
d'en agir autrement.

L'emprunt!..... C'est d'abord une charge indéfinie
qu'assume la France. Depuis longtemps on y a aban-

donné le système d'amortissement, qui revient à un taux trop élevé, si on l'ajoute, comme dépense annuelle du budget, au *pour cent* servi, qui se maintient lui-même dans le rapport de cinq centimes par franc.

Dans le cas présent, ce rapport deviendra plus onéreux encore, à en juger par les récents arrangements conclus à Londres par le Gouvernement de la Défense nationale. Il montera jusqu'à 6 pour cent, au taux d'émission ; tel est déjà le cours de la rente, qui se maintient à 51 et 52. D'ailleurs, la France sera encore forcée de conclure des emprunts subséquents pour panser les plaies de la guerre. Bientôt elle sera amenée à avoir des finances dans le genre de celles que possèdent l'Espagne et l'Italie. Ses rentes baisseront sur toute la ligne, et de fait elle se trouvera payer 7, 8 et 10 pour cent. Ce ne sera pas le moment pour elle, en présence des crises qui se suivront, de rogner sur les services publics pour se débarrasser de ses obligations. Un pareil effort à long terme, soixante ou quatre-vingts années, ne convient pas à son tempérament nerveux ; — elle empruntera tant qu'elle pourra, et finira par la banqueroute, par la « hideuse banqueroute ». — Voilà ce qui l'attend dans dix à quinze ans !

Le papier-monnaie présente peut-être moins d'inconvénients directs au point de vue de la richesse publique, ainsi que nous le constatons en Russie, où il représente douze fois la valeur d'or et d'argent qui lui sert de garantie. Il n'exige pas un débours annuel en pure perte ; ce qu'on dépenserait à son intention se-

rait employé à le retirer de la circulation, et par conséquent à l'avantage du crédit de l'État. Mais, en revanche, il s'attaque aux sources mêmes de la richesse
privée ; car il déprécie la valeur, la nature même du
franc. Le franc en papier, de par la loi égal au franc
en argent et en or, aurait pour premier résultat de
faire disparaître celui-ci de la circulation. Le métal
se porterait à l'étranger, où le franc en papier serait
bien forcé de subir la dépréciation qu'il mérite. De
cette façon, toute transaction, tout mouvement monétaire aboutirait au prélèvement d'une dîme au détriment de la France. Ce qu'elle perdrait ainsi de milliards ne peut être calculé d'avance, même approxi-
mativement. Ajoutons, pour achever ce sombre ta-
bleau, que le gouvernement qui a une fois essayé du
papier - monnaie quitte rarement cette voie avant
qu'elle ne l'ait, par de nombreux détours, conduit
au fond de l'abîme. Ce moyen d'accroître ses ressources est trop facile et trop commode pour qu'il ne
tente pas la bonne foi des gouvernements aussi bien
que celle des particuliers. Il est donc éminemment
dangereux.

Ainsi, quel que soit l'expédient financier auquel
la France s'arrête, la Prusse pense y trouver son
compte.

III

A l'instant où nous traçons ces lignes, nous rece-
vons la dépêche de Bordeaux qui nous apporte les
articles préliminaires du traité de paix.

Ils sont ce que nous avions prévu. La connais-
sance du but que se propose la Prusse nous les a
fait pressentir exactement. — Qu'à leur tour, ils
éclairent sur ce but les incrédules qui voudraient
douter encore de la tendance extrême de cette politique.

L'indemnité se monte à cinq milliards de francs,
un milliard payable dans le cours de 1871, le reste
dans un espace de trois ans. — Cinq milliards !....
Voilà donc le chiffre auquel les Prussiens ont cru
pouvoir s'arrêter : — en effet, il est accablant !

La France a trois années pour se libérer de ses
obligations pécuniaires, — mais ce n'est pas un répit ;
— le terme qui légalement est stipulé à son profit,
de fait se trouve ici retourné contre elle. La Prusse,

considérant la somme qu'elle ne prélève pas immé-
diatement comme un prêt qu'elle consent généreuse-
ment, exige le 5 pour cent de ses avances! En
outre, la France devra jusqu'à complète extinction
de cette detto de cœur subir une occupation militaire,
et qui plus est fournir les moyens de cette occupation. Elle nourrira ses propres geôliers ! En présence
de cette situation, il n'est personne qui ne comprenne
la suprême et absolue nécessité d'un règlement dé-
finitif et actuel de compte. Si, à ce prix, on peut
faire évacuer le territoire, il n'y a pas à hésiter entre
un grand sacrifice et un retard à son accomplisse-
ment, retard peu héroïque et peu productif, puisqu'il
équivaut à un marché de dupe.

Mais les dangers que nous avons signalés à propos
du mode à employer pour effectuer le payement à
l'aide d'un emprunt ou du papier-monnaie, s'accrois-
sent encore de cette nécessité de tout solder sur
l'heure, en même temps que de l'immensité de la
somme.

Si des émissions successives, mais prévues avec
certitude, suffisent pour ébranler sérieusement le
crédit de la France, — que sera-ce si l'on jette en
une seule fois cinq milliards sur le marché public?

Nous croyons que jamais encore un cas pareil ne
s'est présenté dans les mêmes conditions, c'est-à-dire
à la suite d'une guerre malheureuse avec la perspective d'un avenir incertain et dix milliards de dette
antérieure.

La France est d'une forte constitution; mais le

coup porté par la Prusse est rude, et celle-ci sait ce qu'elle fait. Nous croyons pourtant qu'il est encore une issue à cette situation fatale; — qu'il est encore un moyen pouvant sauver le crédit de la France, et lui réserver sa liberté d'action pour le jour où elle en aura besoin. Mais ce moyen ne peut réussir que s'il est appliqué avec résolution, sur la plus large échelle et dans le plus bref délai.

IV

Nous avons examiné les raisons qui s'opposent à l'emprunt; — nous pouvons les résumer ainsi qu'il suit :

1° L'emprunt n'ayant d'autre garantie que le crédit, qui lui-même n'est qu'une expression de la confiance générale,

2° ne peut, dans les circonstances présentes, se négocier qu'à un taux très-élevé, au moins 6 p. cent;

3° ce qui écarte toute idée d'amortissement, et par conséquent constitue pour la France une charge onéreuse au premier chef, et qui probablement n'aura d'autre terme que la banqueroute.

En un mot, l'emprunt pèche par sa base, par ses attributs constitutifs et par son résultat final, — le tout inhérent à lui-même et constituant pour ainsi dire un seul enchaînement de conséquences.

Le papier-monnaie échappe à plusieurs d'entre celles-ci, — notamment à celles qui résultent de l'in-

**

térêt et du défaut d'amortissement. — En revanche,
il présente un imménse inconvénient, radicalement
contraire à l'inconvénient de la rente, qui éprouve
une déperdition à son contact avec le capital, car il
amène à sa suite la dépréciation de la valeur monétaire elle-même. — Ce qui manque donc à l'emprunt
pour être employé avec avantage, c'est une garantie
indépendante, un taux modéré et la certitude d'un
remboursement.

Ce qui manque au papier-monnaie, c'est un cours
fixe, équivalant à sa valeur légale.

Nous avons dit que par leurs défauts ces deux ex-
pédients occupent les pôles opposés. Ne pourrait-on
pas les combiner de façon à ce qu'ils se neutralisent
réciproquement, en produisant les avantages que
nous cherchons?

Il s'agirait d'émettre une monnaie-rente, faisant
office de valeur monétaire et produisant des intérêts.

Il s'agirait, en second lieu, de lui donner une base
solide, autre que le crédit public, mais tellement
solide qu'elle soit en dehors de toute discussion, et
qu'elle lui permette de se maintenir au cours nominal
tout en réduisant l'intérêt à un taux minime et en
laissant de la marge à un amortissement rapide.

Si nous parvenons à créer une telle valeur, non-
seulement nous n'aurons pas ébranlé les finances de
la France, mais nous leur aurons encore donné un
nouveau développement.

V

La monnaie-rente n'est pas une création absolument nouvelle et dénuée de tout précédent. Il y a
déjà quelques années que le Crédit agricole a utilisé
ce système sous une forme qui a parfaitement réussi.
Il suffit de le suivre dans cette voie, large et sûre.
Chaque cent francs rapporterait un centime par jour.
L'intérêt ne s'élèverait donc pas au-dessus de 3,65
centimes par coupures de cent francs. Ce chiffre, ou
bien l'un de ses multiples exprimant le capital, figu-
rerait sur le côté du billet; — au verso, il faudrait
imprimer un calendrier avec le taux en regard de la
date. De cette manière la monnaie-rente devient des
plus maniables. Elle vaut mieux que les titres de
l'emprunt, car elle n'a pas besoin, pour être réalisée,
d'être négociée à la Bourse. Elle s'écoule comme le
numéraire lui-même. Mais elle vaut mieux que lui
aussi, puisqu'elle ne laisse pas dormir l'argent qu'elle
représente. De toute façon elle s'attire la faveur du
public, qui lui fera le meilleur accueil pourvu que

la garantie sur laquelle repose sa valeur intrinsèque soit visible à tous les yeux et convaincante pour tous les esprits.

Or il existe en dehors de l'or et de l'argent une valeur réelle, qui n'a pas été exploitée et dont l'appoint, dans ce moment, comme garantie spéciale, peut sauver le crédit de la France et lui procurer tous les avantages attachés à l'émission de la monnaie-rente.

Nous voulons parler du capital de l'impôt foncier.

On peut considérer l'impôt foncier comme une rente hypothéquée au profit de l'État sur les immeubles existants. C'est l'hypothèque la plus sûre, puisque rien, absolument rien, ne saurait la primer : car nous ne connaissons ni privilége ni créance qui dispense de l'impôt, tache originelle empreinte au front de toute propriété.

Cette quotité réservée sur les immeubles à l'État, nous pouvons la mobiliser à l'aide de la monnaie-rente.

Il faut à celle-ci une garantie aussi inébranlable pour qu'elle puisse circuler ferme et sans aucune dépréciation de son capital. Il la lui faut également pour que le public se contente du modique intérêt qui lui est dévolu.

182,500,000 francs suffiront ici, tandis que l'emprunt ne se ferait pas à moins de 300,000,000 à payer annuellement.

La France gagnerait la différence, soit 117,500,000 francs, qui se dépenseraient, dans le cas contraire, en pure perte.

Au lieu de grossir les profits du prêteur, ils pourraient être utilement employés à retirer de la circulation la monnaie-rente et à libérer le Trésor.

Si le Gouvernement affectait d'une façon stable, aux intérêts de la monnaie-rente, ainsi qu'à son amortissement, les 300 millions qui risquent d'être absorbés par les annuités d'un emprunt, nous parviendrions en peu de temps au résultat suivant :

Les cinq milliards de monnaie-rente décroîtraient rapidement, — capital et intérêts. Ces derniers, en s'amoindrissant à chaque échéance, laisseraient d'autant s'accroître la part destinée au rachat des billets. En moins de vingt-sept ans, ceux-ci auraient disparu, et l'État recouvrerait la libre disposition de l'impôt foncier.

Cette perspective est magnifique et très-réalisable dans la pratique.

Mais, quelque grand que paraisse l'avantage que nous venons d'exposer, il n'est pas le principal dans cette affaire. Ce qui importe à la France, ce n'est pas de s'organiser en vue d'un avenir relativement rapproché si l'on veut, mais d'être prête pour demain. Eh bien ! c'est juste à ce point de vue qu'elle a le plus grand effet à attendre de la monnaie-rente, qui laisse intact son crédit, qui l'augmente même ; car elle se présente à nous sous l'aspect d'une nouvelle richesse mobilière que la France, en frappant la terre du pied, comme le héros romain, aura fait jaillir du sol, au moment d'une crise suprême.

VI

Nous avons exposé les principes généraux sur lesquels repose la combinaison de la monnaie-rente. Pour plus de clarté et de précision, nous les ramenons aux points suivants :

1° Le capital représenté par cette valeur est parfaitement sûr ; elle sera donc acceptée au pair par le public et par les caisses de l'État ;

2° Le taux est inférieur à tout ce que nous connaissons en France ;

3° L'amortissement est on ne peut plus facile, excessivement rapide et nullement onéreux pour le budget ;

4° La monnaie-rente ne présente aucune difficulté dans l'emploi journalier ; le public se rend parfaitement compte de son mécanisme ;

5° Ce mécanisme ne prête pas à l'agiotage ni au jeu de bourse, puisque le montant du billet, quoique variable, est toujours fixé d'avance d'une façon invariable.

6° Loin de faire fléchir les cours des valeurs précédemment émises, la monnaie-rente les relève, en même temps qu'elle influe d'une façon générale sur l'abaissement du taux de l'intérêt.

7° Elle permet de payer la totalité de l'indemnité de guerre sans aucun retard, et supprime toute difficulté et toute nouvelle perte de temps résultant de la nécessité de s'entendre avec l'ennemi sur le taux auquel il voudrait accepter la rente qu'on lui livrerait.

8° Elle débarrasse ainsi la France d'une occupation préjudiciable au plus haut point à ses intérêts, et même à son existence.

Tant d'avantages accumulés, qu'on ne trouvera dans aucune autre combinaison financière, indiquent clairement au Gouvernement la décision qu'il doit prendre.

Qu'il ne recule pas devant la garantie spéciale que la monnaie-rente exige, par sentiment d'orgueil national déplacé. Une fausse honte de ce genre serait de l'ineptie, en même temps qu'une faute grave, car elle sacrifierait à de vaines apparences une somme d'avantages qu'on ne retrouverait plus au même degré, le jour où on se déciderait enfin à ne pas arguer du mot pour repousser le remède.

2 mars 1871.

P. S. — Nos prévisions des dangers qui menacent les finances françaises ne sont pas isolées. — Il nous tombe, en effet, sous la main un numéro du *Times* (du 27 février) qui évalue à 15 millions de livres, soit à 375 millions de francs, l'intérêt annuel de l'emprunt des cinq milliards, si la France se décide à le contracter. — Nous voilà d'emblée au 7 1/2 pour cent. Et c'est dans son premier-Londres que l'organe de la Cité, très-inquiet des suites générales d'une hausse du prix de l'argent, très-indigné contre la Prusse et très-sympathique à la France, fixe ainsi le taux de notre crédit ! Un autre journal, de moins haute volée, mais dont la publicité enregistrant les faits locaux nous permet d'y trouver par un heureux hasard la confirmation de notre thèse sur le genre de garantie à donner à la monnaie-rente, reproduit la déclaration suivante :

« Pour débarrasser au plus tôt la France de l'occupation prussienne, les soussignés offrent au Gouvernement le payement immédiat de deux mille francs qui leur seront escomptés sur leurs contributions à venir.

« Nice, le 3 mars 1871.

« André Graglia, notaire ;
« Sajetto, clerc de Me Graglia. »

En y ajoutant ces mots : « Bon exemple à suivre. »

Cette proposition et la remarque qui l'accompagne tiennent de près à l'ordre d'idées que nous mettons en avant, et prouvent qu'elles s'acclimateraient facilement en France, puisque nous les y rencontrons à l'état de génération spontanée.

TABLEAU D'AMORTISSEMENT
DE 5,000,000,000 DE MONNAIE-RENTE EN CIRCULATION.

ANNÉE	MONNAIE-RENTE EN CIRCULATION	MONTANT DES ARRÉRAGES	MONTANT DE L'AMORTISSEMENT	MONNAIE-RENTE RETIRÉE DE LA CIRCULATION
1871	4,882,500,000	182,500,000	117,500,000	117,500,000
1872	4,760,711,250	178,211,250	121,788,750	239,288,750
1873	4,634,477,220	173,765,961	126,234,039	365,522,780
1874	4,503,635,639	169,158,418	130,841,582	496,364,361
1875	4,368,018,329	164,382,700	135,617,300	631,981,671
1876	4,227,450,998	159,432,669	140,567,331	772,549,002
1877	4,081,752,960	154,301,962	145,698,038	918,247,040
1878	3,930,736,943	148,983,983	151,016,017	1,069,263,057
1879	3,774,208,842	143,471,899	156,528,101	1,225,791,158
1880	3,611,967,465	137,756,623	162,241,377	1,388,032,535
1881	3,443,904,278	131,836,813	168,163,187	1,556,095,722
1882	3,269,603,134	125,698,856	174,301,144	1,730,396,866
1883	3,088,940,001	119,336,867	180,663,133	1,911,059,999
1884	2,901,682,664	112,742,663	187,257,337	2,098,317,336
1885	2,707,590,444	105,907,780	194,092,220	2,292,409,556
1886	2,506,413,860	98,823,416	201,176,584	2,493,586,140
1887	2,297,894,331	91,480,471	208,519,529	2,702,105,669
1888	2,091,763,839	83,869,508	216,130,492	2,918,236,161
1889	1,857,744,584	75,980,745	224,019,255	3,142,255,416
1890	1,625,548,626	67,804,042	232,195,958	3,374,451,374
1891	1,374,877,516	59,328,890	240,671,110	3,625,122,484
1892	1,125,421,911	50,544,395	249,455,605	3,874,578,089
1893	866,861,176	41,439,265	258,560,735	4,133,138,824
1894	598,862,974	32,001,798	267,998,202	4,401,137,026
1895	321,082,838	22,219,864	277,780,136	4,678,917,162
1896	33,163,727	12,080,889	287,919,111	4,966,836,273
1897	»	1,571,841	298,428,159	5,264,264,422

LETTRE A M. THIERS

POUR FAIRE SUITE AUX

CONSIDÉRATIONS SUR LES FINANCES DE LA FRANCE

———

MONSIEUR LE PRÉSIDENT DU GOUVERNEMENT,

J'ai l'honneur de vous adresser mes *Considérations sur les Finances de la France*, et j'ose les
recommander à votre sérieuse attention.

. . . .

En m'adressant au Public, dans ma brochure, j'ai
dû, pour être clair et bref, omettre tout ce qui touche
à l'application et au détail, et m'en tenir strictement
aux grandes lignes. Les fondements une fois jetés,
s'ils constituent une base solide, comme je l'espère,
l'édifice futur viendra s'y poser de lui-même. — Mais,
en vous soumettant mon projet, je sens, Monsieur le
Président du Gouvernement, que je vous dois plus
qu'au Public, et que je serais coupable de légèreté si
je ne complétais pas ma pensée en prévenant au
moins trois objections que votre esprit pratique ne
manquera pas de poser tout d'abord.

Je commence par celle qui aura trait à la somme
fixe de 300,000,000 que l'opération réclame. Elle ne

saurait être fournie par l'impôt foncier, dont le montant est de beaucoup moindre. C'est juste,— mais on peut compléter la somme par l'adjonction des autres contributions directes, en commençant par celles qui offrent le même caractère de rente hypothéquée au profit de l'État. D'ailleurs, le chiffre de cinq milliards comme celui de 300,000,000 servent à marquer le rapport sur lequel il faut asseoir son calcul pour que l'opération réussisse, bien plus que les limites qu'elle doit atteindre. Il est évident que par suite des défalcations qu'amènera la compensation de la dette antérieure qui pèse sur la population cédée avec la créance actuelle de l'Allemagne, cette créance subira une réduction de plusieurs centaines de millions. En outre, tout semble annoncer que le premier versement d'un demi-milliard d'indemnité aura lieu, pour éviter tout retard, avec les ressources dont dispose encore le Trésor. De cette façon, le chiffre de la monnaie-rente ne dépasserait pas 4 milliards. D'un autre côté, il faudra bien élever tous les impôts dans une certaine mesure, dont l'impôt foncier ne saurait être exempté ; néanmoins, tel qu'il est aujourd'hui, il représente par son capital, calculé à 3 fr. 65 pour cent, le montant de l'indemnité de guerre, et suffit pour donner à la garantie affectée à l'amortissement et aux annuités de la monnaie-rente son caractère exceptionnel de solidité et de sûreté, dût-on la compléter par un certain appoint.

Ici, vous pouvez poser votre seconde objection et me dire : « Vous réclamez une garantie spéciale de

« cette nature, en vue d'empêcher toute dépréciation
« de la monnaie-rente. Mais la garantie restant aux
« mains de l'État ainsi que l'opération elle-même
« qui en assure le bénéfice au public, celui-ci, dans
« un pays comme la France, où le pouvoir est conti-
« nuellement à portée de la main qui se lève pour le
« prendre, ne saurait avoir une confiance sans bor-
« nes dans la continuité de l'opération. Dès-lors ce
« sera toujours la bonne foi de l'État, c'est-à-dire son
« crédit sous une forme particulière, qui constituera,
« à proprement parler, la valeur de la monnaie-
« rente. »

Nul, excepté Dieu, n'est maître absolu des choses,
et je ne prétends pas les dominer par mon système.
Mais nous ne sommes pas dépourvus d'exemples ten-
dant à démontrer que l'opération que je propose peut
être soustraite aux variations du droit public et à la
sphère de l'Administration pure, pour être soumise
aux règles et à la protection du droit commun. Il y a
là une grande institution à fonder, procédant de
l'État, et pourtant distincte et indépendante dans
une certaine mesure. Outre la sûreté de posséder
réellement son avoir qu'y gagnera le détenteur de la
monnaie-rente, cette institution aurait encore l'immense avantage de mettre cette sûreté en plein jour.
Elle se détacherait vigoureusement sur le fond sombre de la situation générale. Dans de pareilles conditions, il est indubitable que la garantie fournie par
l'impôt foncier excitera et au delà le degré de confiance qu'elle mérite.

Cette conclusion contient en germe ma réponse à la troisième objection, qui consisterait à dire que les Prussiens pourraient refuser d'accepter la monnaie-rente au pair, ou plutôt la monnaie-rente elle-même, puisque sa nature de *monnaie* ne nous permet pas de lui appliquer un mot qui fausse ce caractère. Ils n'ont aucun prétexte pour agir ainsi du moment que l'opération est assurée. Toute opposition de leur part quant à la qualité même de la monnaie-rente ne se soutiendrait pas sur le terrain de la discussion. Elle ne serait pas fondée en fait, comme nous venons de le voir ; — elle ne le serait pas en droit, puisqu'ils ont stipulé l'indemnité en monnaie française et que la monnaie-rente en ferait office ; — elle ne le serait pas non plus en équité, puisque de tous les signes d'échange faisant office de monnaie, la monnaie-rente est évidemment le plus avantageux ; — elle ne le serait pas davantage enfin au point de vue de l'interprétation juridique des intentions du traité, puis-qu'à l'article III ils ont admis, à la place d'une occupation des provinces, la possibilité d'une garantie financière pour assurer le payement des derniers trois milliards. — A quel titre refuseraient-ils donc, au moins pour cette somme, le mode de payement qui possède justement la plus grande garantie qui soit au monde, — garantie tellement certaine, qu'il faudrait un bouleversement géologique pour l'é-branler ?

Le seul motif de leur opposition se réduirait aux avantages que la France retirerait de cette combinaison. Mais il ne serait pas bien difficile de leur démontrer qu'il en revient tout autant de profits à l'Allemagne. D'abord, c'est quelque chose que d'être payé sur l'heure. L'avenir, si rapproché qu'on le suppose, contient toujours des chances aléatoires. En second lieu, l'unique but de la création de la monnaie-rente n'est-il pas de mobiliser une valeur parfaitement sûre et ne pouvant causer aucune perte à celui qui la possédera? La Prusse ne saurait donc raisonnablement s'en plaindre, car, si la richesse publique de la France se trouve ainsi augmentée, — elle passe malheureusement entre ses mains!

En terminant cette longue lettre, que je ne me serais pas permis de surajouter aux soucis qui vous accablent, s'il ne s'agissait pas pour vous comme pour moi de l'intérêt public, je vous prie, Monsieur le Président du Gouvernement, d'agréer l'expression de mes plus respectueux hommages.

L. K.

6 Mars 1871